AF275776

LEVES CERTEZAS

EC

EDITORIAL CÁNTICO
COLECCIÓN · DOBLE ORILLA, POESÍA
DIRIGIDA POR RAÚL ALONSO

cantico.es · @canticoed

Suscríbete a nuestro blog en

  @canticoed

© Victoria López Mata, 2024
© Editorial Almuzara S.L., 2024
Editorial Cántico
Parque Logístico de Córdoba
Carretera de Palma del Río, km. 4
14005 Córdoba
© Prólogo: José Luis Rey, 2024
© Fotografía de la autora: Paqui Mata, 2024
© Imagen de cubierta: *Nobodies #02* de Susana Delgado

ISBN: 978-84-10288-40-9
Depósito legal: CO 1625-2024

Impresión y encuadernación:
Imprenta Luque S.L.

Cualquier forma de reproducción, distribución comunicación pú-
blica o transformación de esta obra solo puede ser realizada con la
autorización de sus titulares, salvo excepción prevista por la ley.
Diríjase a CEDRO
Centro Español de Derechos Reprográficos, www.cedro.org,
si necesita fotocopiar o escanear algún fragmento de esta obra.

VICTORIA LÓPEZ MATA

LEVES CERTEZAS

EDITORIAL CÁNTICO

COLECCIÓN DOBLE ORILLA   POESÍA

SOBRE LA AUTORA

Victoria López Mata (Villanueva del Duque, Córdoba, 1988) cursó estudios de Magisterio, especialidad en inglés, en Córdoba y actualmente se dedica a la enseñanza en un colegio público de Madrid. Comenzó a leer y escribir a una edad muy temprana, sintiendo predilección por la poesía desde que era muy pequeña. En la actualidad, está cursando el grado de filosofía por la UNED. En el campo literario, durante los cuatro años últimos ha ido elaborando este conjunto de poemas, *Leves certezas*, que ahora ve la luz.

YO ALCANZARÉ MI JUVENTUD UN DÍA

POR JOSÉ LUIS REY

Este debut poético de Victoria López Mata conlleva un lenguaje, una memoria y una profecía. Estos tres elementos contribuyen a crear un libro original y de una voz propia. Respecto al lenguaje, como se observa en el poema que da título al poemario, *leves certezas*. ¿Son las palabras *sombras transitorias*? Según Wittgenstein, sí. Según Heidegger, no. El primero llegó a la conclusión famosa de que hay que callar ante lo que no se pueda decir, formular con palabras. Por eso, su metafísica señala siempre una ausencia terrible: la ausencia del espíritu en el lenguaje. Tal como yo lo veo, en cambio, Heidegger cree primero en el Ser y después en el lenguaje: *el Lenguaje es la Casa del Ser y los poetas son los guardianes de esa morada.*

> *Cerramos las ventanas y corremos*
> *las cortinas*
> *como si colocáramos*
> *el sudario a esta casa de verano*
> *donde nos hemos embriagado el alma*
> *recobrando entusiasmo en estos días.*

Estos versos del poema *Maletas de vuelta* contemplan el lenguaje como una casa de verano, donde vamos a pasar la temporada de la vida, pero sabemos que debemos dejar esa casa. Sabemos que incluso el lenguaje morirá, sabemos que el espíritu seguirá adelante sin verbo. Hacer poesía es, en-

9

tonces, al modo de Mallarmé, tejer el sudario de la casa (la vida, el lenguaje) donde tan felices hemos sido, *donde nos hemos embriagado el alma.*

Así, no sorprende encontrar un poema titulado *Nihilismo:*

Perseguimos sedientos dejar huella,
perseguimos encontrar la trascendencia.
Pero ahora aquí lo comprendo todo,
pues sé
que cuando falte de este espacio
no habrá ninguna tregua.

Sí, no habrá ninguna tregua en la muerte, cuando *faltemos* del espacio de la poesía. Ni siquiera el lenguaje vence a la muerte, pero el uso más extremo del lenguaje, el que desemboca en la Poesía, nos llevará hacia la trascendencia que la poeta busca.

Pues no hay que buscar las cosas del alma con el lenguaje del mundo. Si solo un pensamiento vale el mundo, la poesía vale más. Y lo vale porque es la poesía quien acaba domesticando al mundo:

El perdurable ego está latente
en cada acción y palabra cotidiana,
empujando desde lo más hondo para asomar así
su lengua bífida
y dejar claro ante el amargo mundo
quién es la imprescindible y esencial.
Por eso yo lo azoto
y lo sumerjo,
lo presento desnudo ante la gente,
para que sea una razón de burla,
para que peregrine en la vergüenza

y luego huya
a esconderse desvalido
entre las zarzas de mi corazón.

Estos versos, del poema *La doma*, recuerdan a Octavio Paz y su poema sobre la domesticación de las palabras salvajes: *hazlas, poeta, haz que se traguen todas sus palabras.* Pero la voz propia de Victoria López Mata construye aquí uno de los poemas más inteligentes del libro, un poema que lucha contra el lenguaje mostrenco de todo yo que no sea un yo lírico. *¡Alerta, alerta, alerta! Yo seré. Yo seré,* nos diría el cristalino Jorge Guillén. Pero la originalidad de Victoria López radica aquí en haber trazado el Calvario, no de Cristo, sino del ego que no es lírico hasta que no sufre su particular pasión transfiguradora.

Por eso, todo buen poema es un linchamiento del yo; la poesía es un linchamiento público del yo, que no deja ser al poema. Como a Cristo ante Pilato, nuestra poeta expone y presenta su yo *desnudo ante la gente,* que habrá de juzgarlo mal o bien. Pero lo principal es saber que la poesía no puede ser una simple efusión del yo; es más bien al contrario: es el yo el que adviene y queda determinado por la poesía.

Y aquí entra la función de la memoria, el segundo elemento que conforma la urdimbre del libro. Veamos algunos versos del poema *Final del verano:*

Un instante contemplativo, etéreo
de suave calma y fe,
que abrazo como un último regalo,
una antesala de prisa
(...)
en mi otra vida
donde más corro, pero avanzo menos,

donde más vivo, pero agarro menos
(...)
pero anhelo pedazos de mí misma,
pedazos que aquí dejo en el verano
contemplando en estas nubes un dios.

La epifanía de la visión poética suele ser tan fuerte como para destrozar ese yo anterior al poema. Aquí el ego ya no es tan *perdurable*, sino que cede su sitio a la memoria. Por tanto, en la poesía, cuando se alza soberana, apenas podemos vivir. Todo ya pertenece a la memoria y por ello la poeta anhela fragmentos de sí misma. También lo dijo T. S. Eliot: *estos fragmentos he reunido frente a mis ruinas.* El lenguaje suele contener rastros del yo, pero la memoria poética es ya nuestra *otra vida.* Y en ella corremos sin avanzar, vivimos sin asirnos a nada.

Seferis: *el rey de Asine es un vacío bajo la máscara.* Con una voz personal, Victoria López Mata debuta en este libro *por los espacios del tiempo* juanramonianos. Esos jardines lejanos que son los poemas de este primer libro, con su íntima conmoción. Pero también con el último componente señalado: la profecía del espíritu, que es, al cabo, lo que hace que un poema valga siempre la pena y no sea mero objeto, sino punto de partida de dicho espíritu.

Ni lenguaje, ni memoria, tan necesarios, bastan para componer un poema, al menos un poema exigente. Dice la autora en el poema *Envejecer*:

Pero aquel inocente resplandor aún sigue ahí;
puede que tal vez
sea menos denso y menos vigoroso,
aunque igual
de cristalino, etéreo,

esa inocente luz que nos devuelve
al primigenio lugar del cual venimos
y en el que todo también acabará.

Sí, la poesía es ante todo espíritu, el *inocente resplandor* que nunca nos abandona, que *sigue ahí*. El lenguaje y la memoria son diamantes en mitad del camino, pero el final del camino, para que la poesía tenga el principio del suyo, ha de terminar en el espíritu. Y el espíritu es alfa y omega, principio y fin. Así, no ha de resultar extraño que toda esta hermosa poesía de Victoria López Mata pueda ser relacionada con el magistral verso de Machado, un verso que nos promete la nueva juventud más allá del lenguaje y la memoria: *yo alcanzaré mi juventud un día*. Sí, la juventud última y mejor, la juventud profetizada, la juventud que tan solo proporciona el espíritu y que Victoria López ha atisbado más que nadie en su generación.

LEVES CERTEZAS

A mi padre y a mi madre,
porque sin su amor y confianza
no hubiera mostrado estos versos.

I

CIMIENTOS

Yo por sudario quisiera las manos de mi madre,
morir antes que ella
y engendrarme de nuevo en su vientre.

Begoña M. Rueda

RECUERDO QUE SALTABA ENTRE LA SIEMBRA

Yo corría incansable en estos campos,
a los que idealizaba y deseaba
con la fiel ilusión
de la niña que observa y no labora.

No soy del tiempo en el que
'trabajar como un mulo'
labraba su dureza en la mirada,
convertía a los cuerpos en pavesas
ennegrecidos
como sartenes lánguidas.
Yo soy de este otro tiempo
que me ha llevado lejos de la encina, donde
ser una esclava de las masas
no abre duros surcos en las manos,
pero bajo banderas liberales
tatúa su aspereza en las entrañas.

ERMITAÑA

Cargo troncos feliz en las dos manos,
huele a siembra
y a tierra removida,
camino rodeada por ovejas
mientras que el perro blanco me acompaña
como un fiel caminante.
Fantaseo con ser una ermitaña,
romantizo
la vida en soledad
dentro de los confines de este campo
al que siento que robo
la semilla de una planta que no me corresponde.
Deseo hoy fundirme con el musgo
para acabar oliendo a primavera,
pero hacen falta esquejes y raíces
para lograr brotar
en esta tierra
a la que no cualquiera pertenece.

Y vuelvo al duro asfalto
con la mismas preguntas que retumban:
¿acaso no merezco esta ambrosía?
¿conseguiré vencer al abandono?
Quizás yo solo sea
otra triste y cobarde soñadora
que intenta plantar sauces en el mar.

VUELVO, PERO QUEDO ALLÍ

Al volver al origen del bullicio
camino sorteando a los extraños,
me detengo en las luces de colores
y escucho
los retales de otras vidas,
dejo que sus palabras se me cuelen
como el humo involuntario
 por debajo de una puerta:

"Tampoco va a morir de inanición"
"hay personas que están desubicadas"
"nosotras entendemos que se vean."

Las historias atadas a sus miembros
pasean calle abajo
como un río cargado de vivencias
que va a desembocar en un mar denso,
alquitranado y pegajoso,
donde frases ajenas que se cuelan
son música entre el ruido de la prisa,
donde atisbo ese alma de ciudad
pero vuelvo a mirar sus grises tripas,
que es el humo, los coches, la impaciencia.

Y mis pies van atados hacia casa,
pero no a ésta,

sino a aquella,
la del intacto cielo que me llama
sobre un campo cargado de nostalgia
donde dejé una firme sed de hogar.

INFANCIA

Ya casi no me reconozco
en esa roca
o en lo alto de aquella antigua encina.
He cambiado tanto en estos años
que al final la madurez ha engullido
ganas, deseos y chorros de energía.
Hoy miro atrás
para hacer recuento:
¡He sido a la vez tantas personas
tan distintas aquí en esta colina!
¡Han existido en mí tantas palabras
que ahora intento y no puedo pronunciar!

CAMPOSANTO

Mi bisabuela no quiso construir
aquí, en la colina donde me hallo.
Decía que veía el camposanto
y esta cercana imagen
le picaba
como hormigas debajo del mandil.

Hoy tenemos la casa en la colina
que se erige
sin miedo y confiada
sobre el terrón de campo que es herencia.
No solemos pensar en esos muertos,
pero el atardecer cede a un crepúsculo
que enciende con viveza
el rojo cielo
justo en el horizonte de cipreses.
Ese bello espectáculo diario
viene a alumbrar
a todos esos muertos,
a ponerlos en pie y a saludarnos
diciendo
"Seguimos estando aquí".

SAN GREGORIO

Subo a la ermita y observo desde ella
la sombra pasajera
que las nubes
van dejando a su paso en este instante
encima de ese círculo de casas
que me vieron antaño madurar.

Me asombro al contemplar hoy cautivada
cómo en un sitio
tan leve y limitado
tiene cabida una existencia inmensa
que convierte en infinito este lugar.

FE

Cuando yo era pequeña
iba a la iglesia,
y aunque hoy la detesto por ceguera
ya entonces chirriaba entre mis dientes.
Suponía un boicot irreverente
a mis domingos
de familia y campo.
Miraba a las encinas y pensaba
en el tedio
de aquellos rezos huecos
que adelantaban el triste final
y me expulsaban de ese paraíso
para salvar la falta en catequesis.

Por entonces y aún hoy
sigo sintiendo
que en el remoto caso de existencia,
mi verdadero Dios
estaría en el pan
que partía mi madre esos domingos antes del arroz,
donde los fieles éramos nosotros
y la fe perfumaba nuestras caras
en mitad de aquel campo que brillaba,
lejos de las estatuas y las velas
que nunca iluminaron mi interior.

FINAL DEL VERANO

Un dios nuboso alza con las manos
un pequeño cachorro destetado
mientras contemplo absorta su blancura
sobre este cielo intenso
de verano que me deleita en su azul mensaje.
Un instante contemplativo, etéreo
de suave calma y fe,
que abrazo como un último regalo,
una antesala de prisa
que se asoma y aguarda a pocas horas, en mi otra vida
donde más corro, pero avanzo menos,
donde más vivo, pero agarro menos,
donde la propia pulpa permanece
pero anhelo pedazos
de mí misma,
pedazos que aquí dejo en el verano
contemplando en estas nubes un dios.

PADRES

Las grietas que contemplo hoy en sus manos
comienzan a extenderse entre mis órganos
dejando ver encima de la luz
el paso ágil del esquivo tiempo.

Ahora siento que pronto estaré ahí,
que llegaré sin falta a relevar ese lugar
familiar, sagrado,
de veladora activa de otro aliento
en el que ellos de golpe seré yo.

ENVEJECER

I

Algún día veré caer mi rostro.
Veré en mi propia imagen ese peso
de las cuerdas que tiran hacia tierra,
pero también de todo lo vivido.

Se habrán amontonado los trabajos
marchitos como escombros en mis labios,
también se apilarán las madrugadas
como grullas violáceas en mis ojos,
y habrán dejado huella las ausencias
en las secas mesetas de mi frente.

Mi mano empuñará todos los días
en los que jugábamos a ser niñas
con la fe y la energía
del que aún sueña.

Me preguntaré a dónde iré después
y seguirá la duda con su velo.

II

Pero aquel inocente resplandor aún sigue ahí,
puede que, tal vez,
sea menos denso y menos vigoroso,

aunque igual
de cristalino, etéreo,
esa inocente luz que nos devuelve
al primigenio lugar del cual venimos
y en el que todo también acabará.

II

SOMBRAS TRANSITORIAS

El aire me castiga el ser.
Detrás del aire hay monstruos
que beben de mi sangre.

Alejandra Pizarnik

CERTEZAS

Estoy hecha de mil contradicciones,
pero agarro levísimas certezas.
A veces
yo las siento tan adentro
que en mi alma consiguen pesar más
que todo lo que ahora me pregunto.
Hallo la incertidumbre en mi camino
y acepto estar plagada
de conflictos,
cayendo en la indecencia de las masas
que repudio más tarde en mi interior.

Estoy hecha de mil contradicciones,
pero acabo aceptando que me honran
igual, tanto o más
que las certezas
que de repente me vienen a visitar.

MALETAS DE VUELTA

Vuelve a abrirse la herida del regreso
mientras lavas el coche
con desgana
y guardamos imanes en bolsitas.
Cerramos las ventanas y corremos
las cortinas
como si colocáramos
el sudario a esta casa de verano
donde nos hemos embriagado el alma
recobrando entusiasmo en estos días.
Pocos momentos guardan amargura
como el de preparar hoy
las maletas.
Las caras se endurecen con frialdad,
incluso habiendo luz
al otro lado
cedemos sin remedio a esta sombra
que nos viene a engullir
en carretera,
mientras suenan canciones melancólicas
y trato de buscar algún contacto
en este coche umbrío
que hoy encierra
todo el llanto sordo de un verano
que estalla en mí como un globo de cal.

NIHILISMO

Comprendo hoy más que nunca
en este punto
la frágil liviandad de mi existencia.
Reconozco el sutil grano de arena
ante el cual me coloco
a una distancia exacta, no muy lejos
de todo lo que suelo percibir
en esta realidad que me descentra.

Perseguimos sedientos dejar huella,
perseguimos encontrar la trascendencia.
Pero ahora aquí lo comprendo todo,
pues sé
que cuando falte de este espacio
no habrá ninguna tregua.

Solo soy otra afanosa hormiga
que desganada e impasible mira al Sol.

TOC

Presiento que si no toco dos veces
cualquier cosa
que tenga alrededor, llegará inexorable una tragedia,
que de no acabar mis paseos
a la derecha
resucitarán crueles dictadores,
que en caso de pisar ciertas baldosas
en la sombra arderán las azucenas,
y de no cuadrar bien los cubiertos
un Dios iracundo se alzará ante mí.

¿Cómo obviar que el logos gira en torno
a mis hondas manías y obsesiones?
Aquí pulsión y subconsciente
arrollan
firmes la lógica de la razón esquiva
y acaban destruyendo
sin remedio la fibra armónica de la realidad.

LA DOMA

El perdurable ego está latente
en cada acción y palabra cotidiana,
empujando desde lo más hondo para asomar así
su lengua bífida
y dejar claro ante el amargo mundo
quién es la imprescindible y esencial.
Por eso yo lo azoto
y lo sumerjo,
lo presento desnudo ante la gente
para que sea una razón de burla,
para que peregrine en la vergüenza
y luego huya
a esconderse desvalido
entre las zarzas de mi corazón.

Cruzar la selva pérfida del ego
requiere siempre un continuo esfuerzo
de doma eterna y domesticación.

INSOMNIO

Las leves desventuras cotidianas
toman peso en esta noche insomne.
Comienzan a asomarse con sigilo
y a desprender un hedor febril
que lento se derrama
en esta cama
consiguiendo impregnar todas las sábanas,
presionando mis sienes suavemente
hasta convertirse en minotauros,
feroces y salvajes,
que avanzan con firmeza en la pradera
de mis preocupaciones. Y así irán
sucediéndose frente a mí
las horas,
en el rumiar de asuntos deformados
que parecen, de pronto,
pesar más que toda la luz viva del silencio.
El día siempre llega por fortuna,
y en la mañana exhausta los objetos se ubican con su peso
en su lugar
para seguir la marcha acostumbrada,
hasta que alguna noche y en lo oscuro
vuelvan los minotauros a embestir por los senderos
del ansiado sueño
que al emerger la luna huye de mí.

NOCHE FRUSTRADA

Acabamos vencidas en la acera,
soñando y añorando ya esta noche
que al comienzo pensamos sería épica,
pero acaba
con aires melancólicos
y restos de fracaso en nuestras manos.

Quedamos como peces en la noche,
varadas y aplastadas por la ausencia
de todo lo que no nos sucedió.

Cabizbajas volvemos hacia casa
con el peso del alba en los zapatos, caminando
el sendero a la resaca
con un sabor salado en las mejillas.

TREN EN RESACA

Me siento muy pesada en este tren.

Repaso poco a poco mis palabras
como si fueran cuentas de un rosario
y el rezo terminara
en mi vergüenza.

 Me ha vuelto a atropellar el ebrio exceso
que brota como un germen, empapando
las maletas, los rostros, los asientos.
Siento que si me miran recelosos
es porque dejo un rastro de las noches
donde al dar rienda suelta a la pulsión
me acabo arrodillando ante Dioniso.

En estos días de total zozobra
quizás ya no me salve ni el decoro,
aunque sí lo hace
una intrascendencia
que trae de vuelta a mí la liviandad.

III

RETALES DE AFECTOS

Y el cielo se parece a la memoria,
sabes que sigue ahí a cada instante
aunque su ir
y venir
nunca te pertenezca.

JOSEP M. RODRIGUEZ

RETALES DE LA MAREA

Esa chica se concentra en una concha,
la extrae de su bolsillo, la contempla,
recuerda el mar y aquel momento luminoso
mientras recolectaba con placer
retales de la última marea.
Esa chica se concentra en una concha,
y la inunda todo lo vivido.
Siento el gozo de creer en lo humano,
en la pura belleza de este instante
y en el gesto sutil
de su mirada que la devuelve aún más ligera al mar.
Pero después de este alarde de empatía,
de limpia fe en la humanidad erguida, de nuevo vuelvo
al individualismo,
a mis hondos pensamientos íntimos,
mientras el círculo
otra vez se cierra y regreso inconscientemente a ti.
Y es que si ahora yo fuese esa chica
que mira melancólica una concha,
en ella te estaría viendo a ti y a tu mirada
hablándome dichosa, traspasada de un infinito azul,
posando nuestros sueños sobre el mar.

HOMOFOBIA

Una corona imaginé de espinas,
un empujón fortísimo al infierno, tiranos
sentenciando con pulgares
echar mi cuerpo
a salvajes fieras. Tenía miedo de miradas hirientes,
de terribles escarnios en pasillos
y piedras arrojadas a mi espalda.

Pero hoy aquí alabo el gran milagro
que me ha otorgado la naturaleza
de sentir la emoción
de flor con flor,
de yacer juntas en esta fértil tierra
liberadas al fin
de aquellos miedos
que venían a ocultar nuestra verdad.

MENSAJE EN BOSQUE ESTONIO

Yo soy una extranjera en esa tierra,
intento abrir los ojos comprendiendo
que aquí el río es otro río,
que aquí el verde es otro verde,
que las palabras nacen de otros vientres
y yo quiero alcanzarlas
como a pompas de jabón que se revientan con mi roce.

Al lado de la cabaña está el bote
en el que torpemente crucé el río
desembocando en un tupido bosque
que a su vez comunica con la playa.
Hay una soledad imperturbable.
Mientras escucho el viento en estos árboles,
me punza y atraviesa una intuición:
'Debajo del sonido de sus hojas
está el crucial mensaje',
pero aún no lo logro descifrar.
Hago un pacto de fe con esas ramas,
les prometo poner más atención
porque en realidad busco las palabras
que vengan a rescatarme de ti
cuando debería estar escuchando
la verdad que se cuela entre sus hojas:

'El mundo es un lugar de terciopelo,
pero hacemos de él un campo en llamas.'

ABANDONO

'Si nos llega el final hay que aceptarlo',
pero es que abandonamos mucho antes
descuidando los jardines al sol
cuando aún florecían los rosales.

No supimos ver que en nuestro vuelo
todavía cabía el horizonte.

Son nuestras alas rotas las que hoy lloran
al pie de esos rosales,
en este campo triste
donde nadie nos puede rescatar,
donde nos entregamos a la niebla
con el sabor añil de aquellos días.

DISTANCIA

El mar está picado en la vertiente
donde hoy tus ríos desembocan.
Llega la hora triste y dices
que no quisieras que yo me encuentre lejos,
me miras al despedirte
con los ojos de aquel perro infeliz
que de mañana le ladraba al viento
y rascaba sin fe todas las puertas.
Al pie de esta distancia hay mucho hastío,
al alejarnos hoy se nos acaba
el recoger los frutos cotidianos,
el compartir todos los jugos dulces, el lento baile
entre Marte y Venus
y el incendio amargo en nuestras vísceras.
Una espera se va abriendo camino
y a ratos hace olvidar
que estamos lejos, soportando las dos una honda tregua,
que nos arrastra
a vibrar muy poco y a que las dudas pasen levitando.
Agradezco que no sea la primera
espera que las dos hemos saldado
donde se acaba
con la ilusión fragante de cuando me recibes como un ramo
fresco y boyantemente florecido
que con orgullo guardo en un jarrón.

AQUEL PERÚ

Hace unos cuantos años, demasiados,
intentamos querernos. Sin embargo,
tú te marchaste entonces a Perú
y nos intercambiábamos mensajes
desde un móvil
con tarjeta de prepago
que compraste en la tienda azul marino.
Intentamos amarnos
hace unos años,
pero ese absurdo globo se pinchó.

Hoy de pronto he buscado los whatsapps
que entonces nos mandábamos felices
 y en lugar de tu foto
de perfil
he visto la de un joven peruano.
Parece que tu número de móvil
tomó de pronto
una nueva vida
como también nosotras la tomamos.
Rebusco en los recuerdos hoy tan ajenos
como la foto de un desconocido
y me imagino
a un joven peruano
con un nuevo móvil entre sus dedos,
descifrando de aquel mundo tan nuestro

un seductor e íntimo relato
que nunca llegaría a ser real.

MADRID RÍO

Esta azul sinestesia de aves y voces,
este lento fluir de agua y juncos.
El frío decreciendo entre los pómulos
y el inocente esquivar
de los triciclos
me rescatan de aquel lóbrego pozo
donde resisto desde mi tropiezo.

Hoy he vuelto a sentir empuje dentro,
por fin la voluntad
de movimiento
se va fraguando serena en mi interior.

RECÓRREME

Ahora que ya pasaron los caballos
y los vientos, y aquel olor a mugre,
hoy que por fin
se fueron las arañas
y dejé la vergüenza en una orilla.
Hoy, quisiera prender mi llamamiento:

"Recórreme por fin con las heridas
que hicieron cicatriz en mi camino,
susténtate de todos los errores
que porteo conmigo dignamente,
atrévete a acercarte
aún con temores
a esta franca mujer que he construido
y se ofrece
por fin libre y sincera.
Hoy vengo a reafirmar mi yo más puro
y consagrar mi esencia
frente a tu alma
para que día a día nos miremos
sin perdernos en triviales apariencias".

Ahora que los ladridos han cesado,
te imploro que me vengas a buscar.

IV

DE ESTE Y OTROS MUNDOS

Las margaritas crecen salvajes
como palomitas de maíz.
Ellas son la promesa de dios en el campo.

ANNE SEXTON

BRILLO DEL MAR

El sol marca un camino incandescente
brotando desde el mar al infinito
que logra sublimar
toda belleza
y me deja absorta en esta playa.

Salvando la distancia más estética,
me recuerda
a un canal codificado,
como cuando era niña e intentaba descifrar
el mensaje escondido en puntos grises
que de manera abstracta titilaban
en algunos canales de la tele.

Ahora ya lo hago con el mar,
como si esos destellos relucientes
ocultaran
la clave de la vida
y hubiera que pagar un cierto precio
para poder comprender su lógica,
destapar el misterio
que se esconde
en el hipnótico brillo de la mar
que me tiene hechizada y seducida
como a un niño frente al televisor.

REDES

Me desconcierta contemplar mis manos
porque ya no consigo verme en ellas.
Tan solo logro
observar las tuyas, que gráciles
teclean en la pantalla con provecho,
pero me centro en mis cansadas manos
y ya siento que no me representan. Me he perdido
en un mundo digital
que está plagado de siluetas extrañas
donde ya hemos dejado
de ser todos
para ser la versión gris de uno mismo,
donde solo busco pasar páginas para poder escapar
y reencontrarme
con mis preciadas manos hacendosas
en las que a veces me pierdo sin saber.

OTROS MUNDOS

Observo un vasto imperio terrenal
ridículo ante el infinito cosmos
y busco algún lugar distante y solo
de fuga al que escapar
cuando esto estalle.
Sería insensato no planear la huida,
no pensar de momento en otros mundos,
o no llegar a imaginarlos
aún mejores.

Hoy, todas las miradas que echo fuera
decepcionadas
caen al hondo abismo
provocando una angustia que no cesa
hasta que vuelvo
las miradas a mí para saborear mi propia herida
y darme cuenta de que soy la única
que logra aquí saciar mi extraña sed.

BÚSQUEDA

El mundo está inundado de desgana,
gente banal
que en volandas cruza
creyendo tener todas las respuestas
a pesar
de no cuestionar nada. Me asombra su perfil firme de mármol
inmóvil frente a todos los discursos
que pretendan moverlos de su centro
o cuestionar
raíces de existencia.
Muy pocos escrutamos las certezas
para asentarlas o emprender búsquedas nuevas.
¿Acaso no venimos al mundo a eso,
para nutrirnos
hasta encontrar sentido
a lo que permanece inacabado?

VIDAS OLVIDADAS

Amontonaré aquí hoy
lo que he olvidado,
levantaré con ello una montaña
enorme
que se erija como un cíclope,
después colocaré
a su otro lado
una humilde colina muy modesta
que acoja lo que aún son mis recuerdos.
Mostraré con este claro símbolo
todo lo que a pesar
de haber vivido
hoy son fragmentos mudos de existencia.

Buscamos con afán vivir más vidas,
cuando con ignorancia abandonamos
todas las que perdimos
dentro de ésta
y asumimos que nunca volverán.

Hoy bajaré a ese pozo de recuerdos
y avanzaré por el vasto bosque
de lívidas vivencias que hoy no están
intentando salvar trozos de mí.

LUGAR HOSTIL

En el Metro me ruge una señora,
escapan sanguijuelas de su boca
que avanzan
adhiriéndose a mi cuerpo
y absorben lo que queda hoy de mi ánimo.
Me pregunto,
¿dónde brota esa ira?,
si acaso esa señora tendrá un hijo
al que suele gritar por las mañanas,
y si a su vez el hijo,
por costumbre,
insulta a sus amigos en la calle,
esos que también pueden acabar
igual que esta señora furibunda
rugiendo a las personas en el metro.

Es difícil romper esa cadena
de ofensas que se enlazan
sin remedio,
ese carácter agrio y contagioso
que recorre las calles
como un virus
avivando aguijones que dormían.

Hoy solo tengo fuerzas para huir
y ampararme

en tus luminosas manos,
donde me siento en calma
y protegida,
donde ya no me pueden alcanzar
los rugidos de esa gente envuelta
en cáscaras de dura hostilidad.

NEVADA

Me elevo tras mis tímidas pisadas
y observo
migajas de otro mundo,
placas de hielo que no nos pertenecen.
Mientras el frío exterior me envuelve
en un halo silencioso y terso,
regreso a esta curiosa distopía que ya asumo
con normalidad.
Vivo en la enredadera de dos mundos,
pisando el hielo
y el agravio de adaptarme
con cierta pesadumbre al mundo actual,
avanzando
y atravesando campos de nieve e infertilidades,
campos de distopía
transformada en una misteriosa realidad.

SUEÑO

La casa permanece tan callada
como la nieve virgen del invierno
y mi cama es un lago
muy viscoso
en el que no logro pescar el sueño.
Presiento que esta noche nadaré
en una gran piscina de caimanes
que se abrirá en el suelo del salón,
o que caeré
desde el alto campanario de un pueblo
que yo siento que es mi pueblo,
aunque no se parezca en nada al mío.
Pero ojalá acabara en un vergel
o flotando serena en el mar Muerto,
ojalá fuera la pluma
que dibuja a los dioses en el cielo,
o me topara con el lugar benévolo
en que pudiese hablar con mis ancestros.

La casa permanece muy callada
pero yo aún formo parte de este mundo
donde las cosas
guardan proporción,
donde este soliloquio de mi mente
debe por fin ceder paso
a los sueños

para que de ese modo el inconsciente
se acabe apoderando del lugar
y saque fuera trozos de mi vida
que siguen escondidos,
agazapados,
como si fueran sombras
del ocaso
en el remoto lodo de mi mente,
donde aún no los logro alcanzar.

BONDAD

Cuando la epifanía de bondad
se cuela en una grieta de amargura,
alguien te lleva ebria
hacia tu casa
y al día siguiente devuelven tu cartera
evitando el hastío burocrático,
mas, sobre todo,
dejándote un resquicio de esperanza,
una ráfaga clara
de inocencia,
un impás ante el apocalipsis
que ya preveo y está aún por llegar.

ÍNDICE

Leves certezas
de Victoria López Mata,
compuesto con tipos Montserrat
en créditos y portadillas, y DGP
en el resto de las tripas,
bajo el cuidado de Daniel Vera,
se terminó de imprimir
el 17 de octubre de 2024.
Ese mismo día de 1815,
en el océano Atlántico Sur,
Napoleón Bonaparte llega desterrado
a la isla de Santa Helena.

LAUS DEO